國家圖書館出版品預行編目資料

法布爾 / 詹文維著;吳楚璿繪.－－初版二刷.－－
臺北市: 三民, 2019
面; 公分－－(兒童文學叢書/創意MAKER)

ISBN 978－957－14－6270－7 (精裝)

1.法布爾(Fabre, Jean Henri, 1823–1915)
2.傳記 3.通俗作品 4.法國

781.08   105025574

© 法 布 爾

著 作 人	詹文維
繪 者	吳楚璿
主 編	張燕風
企劃編輯	郭心蘭
責任編輯	郭心蘭
美術設計	陳智嫣

發 行 人	劉振強
著作財產權人	三民書局股份有限公司
發 行 所	三民書局股份有限公司
	地址 臺北市復興北路386號
	電話 (02)25006600
	郵撥帳號 0009998-5
門 市 部	(復北店)臺北市復興北路386號
	(重南店)臺北市重慶南路一段61號

出版日期	初版二刷 2019年2月
編 號	S 858011

行政院新聞局登記證局版臺業字第○二○○號

有著作權·不准侵害

ISBN 978-957-14-6270-7 (精裝)

http://www.sanmin.com.tw 三民網路書店
※本書如有缺頁、破損或裝訂錯誤,請寄回本公司更換。

創意
MAKER

法布爾 JEAN-HENRI FABRE

荒地上的昆蟲詩人

詹文維 / 著　吳楚璿 / 繪

三民書局

主編的話　　　抬頭見雲

　　隨著「近代領航人物」系列廣獲好評,並獲得出版獎項的肯定,三民書局的出版團隊也更有信心繼續推出更多優良兒童讀物。

　　只是接下來該選什麼作為新系列的主題呢?我和編輯們一起熱議。大家思考間,偶然抬起頭,見到窗外正飄過朵朵白雲。

　　有人興奮的說:「快看!大畫家畢卡索一手拿調色盤,一手拿畫筆,正在彩繪奇妙的雲朵!」

　　是呀!再看那波浪一般的雲層上,建築大師高第還在搭建他的尖塔!

　　左上角,艾雪先生舞動著他的魔幻畫筆,捕捉宇宙的無限大,看見了嗎?

　　嘿!盛田昭夫在雲層中找到了他最喜愛的 CD,正把它放入他的隨身聽……

　　閃亮的原子小金剛在手塚治虫大筆一揮下,從雲霄中破衝而出!

　　在雲端,樂高積木堆砌的太空梭,想飛上月球。

　　麥克沃特兄弟正在測量哪一朵雲飄速最快,能夠成為金氏世界紀錄。

　　……

　　有了,新的叢書就鎖定在「創意人物」這個主題上吧!

　　大家同聲附和:「對,創意實在太重要了!我們應該要用淺顯的文字、豐富的圖畫,來為小讀者們說創意人物的故事。」

　　現代生活中,每天我們都會聽見、看見和接觸到「創意」這兩個字。但是,「創意」到底是什麼?有人說,「創意」就是好點子。但好點子是如何形成的?又是在什麼樣的環境助長下,才能將好點子付諸實現,推動人類不斷向前邁進?

　　編輯團隊為此挑選了二十個有啟發性的故事,希望解答上述的問題,並鼓勵小讀者們能像書中人物一般對事物有好奇心,懂得問「為什麼」,常常想「假如說」,努力試「怎麼做」。讓想像力充分發揮,讓好點子源源不絕。老師、家長和社會大眾也可以藉此叢書,思索、探討在什麼樣的養成教育和生長環境裡,才能有效的導引兒童走向創意之路?

　　雲屬於大自然,它千變萬化,自古便帶給人們無窮想像;雲屬於艾雪、盛田昭夫、高第、畢卡索……這些有突出想法的人,雲能不斷激發他們的創意;雲也屬於作者、插畫家和編輯團隊,在合作的過程中,大家都曾經共享它的啟發。

　　現在,雲也屬於本書的讀者。在看完這本書以後,若有任何想法或好點子願意與大家分享,歡迎寄到編輯部的信箱 sanmin6f@sanmin.com.tw。讀者的鼓勵與建議,永遠是編輯團隊持續努力、成長的最大動力。

張燕風　2015 年春寫於加州

作者的話

　　在還沒有撰寫這本書之前，阿維媽媽要承認，我聽過《昆蟲記》，但是我沒有聽過法布爾，因為法布爾的書比人還有名。法布爾已經過世一百年，所以《昆蟲記》也出版了一百多年哩。我手邊的版本從 1993 年第一刷，到 2012 年已經十七刷了。

　　再刷十七次可以看出《昆蟲記》受歡迎的程度。法布爾是優秀的博物學者，也是研究昆蟲的先驅。他以四百萬字記錄了對昆蟲的觀察和研究。優美的文筆和嚴謹的思考，使得這套書成為經典作品。雖然《昆蟲記》兩度都只入圍諾貝爾獎的候補名單，但完全不影響它的重要性。

　　在當時，法布爾的寫書風格相當創新，因為太過淺顯生動，讓他受到很多學者的批評！不過，由於這種風格很吸引讀者，所以後來有很多人都模仿法布爾的寫作方式，導致《昆蟲記》的銷量還因此一度下滑。

　　只是法布爾很了不起，他是為自己的熱情而寫，不是為了追求財富名聲而寫。正因這種個性，讓法布爾可以忍受清苦貧窮的日子。

　　法布爾是早期用實驗方法研究昆蟲行為的人之一。憑著對昆蟲的熱情與懷疑的精神，他強調，任何事情都不能輕易下結論，要透過鍥而不捨的觀察與實驗才能獲得研究結果。《昆蟲記》完整的呈現了法布爾開創性的研究方法。

　　所以《昆蟲記》很值得一看再看。讀完《昆蟲記》後，還會讓人變「聰明」。阿維媽媽本來是個昆蟲白痴，但讀完《昆蟲記》後，我便解開心中多年的疑惑。親愛的小讀者，你有注意過，米會「長」出米蟲嗎？我們買來的米，如果不放在冰箱可能會「長」蟲喔！我聽長輩說，米收成時，如果在烈日下曝晒過就不會有米蟲。受過法布爾的「訓練」後，我便猜想蟲媽媽應該本來就將卵產在米上，如果米先曝晒過，可能會防止卵的孵化。我上網查了資料後，確定蟲媽媽在稻子收成前，已經將卵產在稻穗中，如果將米放置在溫暖潮溼的環境裡，蟲寶寶就會孵化出來了。是不是很奇妙呢？

　　法布爾的一生給了我們很多啟示。一、就算是簡單的事情，經過自己的證明，意義就不一樣。二、熱愛學習，保持創新觀點。三、就算是自己所尊重的人，也不能不經思考和證明就接受他所有的論點。四、找出興趣為它付出一輩子。五、接受實驗會失敗這件事情。六、不是每件事情都會立刻看到成果，有時候實驗要好幾年才能有一點成果。七、永遠對生命懷抱熱情與思索。

　　就是這樣的信念和精神，使得法布爾開創了獨一無二的人生。他被譽為昆蟲詩人。他對昆蟲的熱情和創新的研究方法，啟發了後世的研究學者，也使得他在科學史上占有特殊的一席之地。

總統竟然來拜訪怪異老人

1913 年法國總統親自拜訪八十九歲的法布爾先生，這件事情讓荒僻的小村落薩里尼村，頓時熱鬧起來。

人們聚集在法布爾住家的庭院外，交頭接耳的議論著。法布爾稱他的庭院為「阿爾瑪斯」，意思是荒地。幾年前他身體還健康，總是長靴一穿，就輕鬆踏進多刺的草叢裡，觀察飛舞的蜜蜂。

「喔！總統怎麼會來拜訪一個腦筋有問題的人呢？」一個村婦不解的嘟囔著:「我曾看他背了個

大包包，帶把奇怪的鋤頭，就這麼坐在石頭上，一整天都不動。」

「對！我也遇過！」另一名村婦附和：「大熱天他卻趴在地上一動也不動，只有一些蜜蜂在他身邊繞啊繞的。」

一個中年人插口說：「我跟你們說，他家裡都是可怕的大毒蠍！」

「好啦！你們都別再亂說話了。」一個人大聲的打斷眾人的議論：「你們誤會法布爾先生了。他是在研究昆蟲，是一個很偉大的人呢！」說著，這人抬起胸膛拉高聲音。

　　眾人困惑的看著他，那人清清喉嚨，得意的說：「法布爾先生以前是個老師，後來因為研究昆蟲，一共寫了十本書。法國文豪雨果稱讚他是『昆蟲學界的荷馬』，演化論之父達爾文說他是『罕見的觀察者』。他還拿過好多了不起的勛章，也曾經被拿破崙三世召見過。幾年前他的學生還為他辦了個『法布爾日』慶祝，當天就是由我們的餐廳負責招待。」

　　「沒想到我們村子裡，出了一個這麼偉大的人物啊！」眾人恍然大悟。

　　相對於喧鬧的外面，屋內安靜許多，法布爾虛弱的躺在床

上。年邁的他，遭逢喪妻之痛，生活中失去最重要的支柱。

總統特別代表法國國民來和法布爾致意，但法布爾身體大不如前，連站起來回應都十分吃力。總統見狀，趕緊向前攙扶他：「我是來看您有什麼需要幫忙的地方，不是來打擾您的。」

法布爾微笑的搖著頭：「沒有什麼要麻煩您，我現在只希望能寫完第十一本《昆蟲記》。」

總統驚訝的看著眼前老邁的博物學家，由衷的說：「您的研究精神真是讓人太敬佩了。」

「因為牠們是我的所有啊。」法布爾一笑，眼神飄向窗外生意盎然的庭園。

那裡有他所熱愛的美麗昆蟲呀！他用盡一生，以四百萬字來記錄他的觀察，但這還不夠，昆蟲世界仍有無盡的奧妙等著他去探索。他多麼想一直這樣研究牠們……疲憊的法布爾迷迷糊糊閉上眼。

睡夢中一隻神聖糞金龜倒立著雙腳，用後腳把糞球用力往前推。夢中的法布爾趴在發燙的地上看著糞金龜，糞金龜也像是在看著他，對他微微笑著。

被師長責罵的第一名

1840 年，亞威農的師範學校。

臺上老師賣力的解說艱澀的拉丁文，每個同學振筆疾書抄寫重點。十六歲的法布爾卻偷藏了一隻糞金龜的屍體在桌子底下。

法布爾頭埋得低低，一手捏住糞金龜的身體，一手拉動糞金龜的後腳。仔細觀察可以發現後腳內緣呈鋸齒狀。

喔！原來糞金龜就是靠著這樣的「工具」，才能俐落的切糞和推糞。

「哇！」法布爾低聲讚嘆著。

「啊！」他的耳朵被老師拉起

來，法布爾叫了出來。「法布爾，你這個懶惰的傢伙！」

同學笑出聲，困窘的法布爾雙頰發燙。

「咳咳！」教室外響起一聲刻意的咳嗽聲。

法布爾眼睛瞄過去，是校長！

「法布爾，下課來找我。」校長說。

「他完蛋了！」四周冒出看好戲的低語。「還說是第一名考進學校的呢。」

好強的法布爾紅著臉，把糞金龜放在抽屜，挺直的坐好。下課後法布爾來到校長的辦公室。

「你上課常常在做其他的事

情。」校長每次巡堂都發現法布爾在偷偷觀察小昆蟲。

「你以後要當老師，難道你也允許學生上課不專心？」

「校長！」法布爾深吸一口氣，鼓起勇氣說:「對不起，我不是不想學習，而是因為學校的課程太簡單了。」

校長吃驚的看著法布爾。當年法布爾考進來的分數很高，特別是拉丁語科。而據他的了解，法布爾之前是在賣檸檬和當鐵路工人的。

法布爾生長在貧窮農家，從小特別親近大自然。六歲時，他進入鄉間小學就讀，教室還常有小豬小雞闖進來。他和同學常在山間、小河嬉鬧，卻不認得半個字。

後來父親買了一本照著字母排列的動物圖畫書給他，此後，聰明的他，靠著書本，一點一點的學會認字。九歲之後，他隨著雙親搬到都市，並進入神學院當助手，獲得了求學的機會。

　　法布爾十四歲時為了負擔家計而輟學。但他是喜愛讀書的。他曾為了買一本詩集，花光一天的工資和口袋所有的零錢。夜裡，就著月光，餓著肚子讀書。

　　「校長，」法布爾不想被人看不起，也不想被人誤解。「往後我會專心上課，但請您讓我直接上三年級的課。」

　　「你才二年級啊！」校長搖搖頭。

　　「校長，您知道糞金龜為什麼要花很多時間搓糞球和搬運糞球嗎？」法布爾突然問道。

　　「什麼？」校長因為這沒頭沒腦的問題愣住了。

　　「您有沒有想過，糞金龜如

果要把糞球搬到遠處，用飛的一點一點運送不是最快嗎？」

法布爾自問自答：「因為糞金龜是大胃王。一旦發現糞的話要趕快收藏起來，這樣才不會挨餓。如果牠先飛到遠方，糞可能會被其他的蟲取走。所以只有把糞搓成大丸子推滾，才能一次大量搬運。」

「您知道糞球的重量是牠體重的四到五倍嗎？牠要怎麼搬運呢？」法布爾又問。

校長看著法布爾發亮的眼睛，皺緊的眉頭逐漸鬆開。

「您看過嗎？牠的後腳是鋸齒狀的，所以可以插入糞球中。當前腳撐在地上左右迅速的輪流

往後推動時，後腳的鋸齒可以隨時調整插入的位置，就算地面不平也沒有妨礙。」法布爾興奮的繼續說著。

聽到法布爾細膩的觀察和精彩的推論，校長突然明白法布爾為什麼說學校的課程太簡單。

比起枯燥的語文課程，奧祕

的昆蟲世界更吸引這個聰明、有
獨特想法的年輕人。

「你不想被關在教室內，想
兩年就畢業吧？」

法布爾連忙點頭。

「聽好！我要把像你這麼好
的學生留在這裡三年，所以你一
定要在兩年之內修完課程。第三

年你儘管放心做你喜歡的研究。」

　　沒想到能獲得校長的肯定，法布爾激動得說不出話。

　　校長笑著說：「你做得很好，自己去發現、去探索，而不是只靠別人傳授知識，這樣你才能成為真正的好老師。」

發現狩獵蜂的祕密

1854 年，法布爾三十歲。當時他已經回母校教書，深受學生愛戴。

勤奮的他，更靠著自學取得數學、物理學以及博物學的學士學位，最後決定專心攻讀博物學。

這天一百多隻象鼻蟲的「屍體」躺在法布爾的實驗室裡。

他抓起其中一隻象鼻蟲，小心翼翼的在牠身上插針，並將電線繞過針頭。

「老師！」法布爾回頭。原來是他的學生魯格羅。

法布爾見到魯格羅來，興奮的說：「你看這隻象鼻蟲死了嗎？」

魯格羅端詳半天，不時摸摸牠。「雖然說是死了，但是摸起來身體還很軟啊。」

「是的！」法布爾笑道：「這隻象鼻蟲是被狩獵蜂抓來的獵物。牠已經『死』了兩天。」

狩獵蜂雖然以花蜜為食，但幼蟲時期卻是以昆蟲維生。

法布爾說：「一般昆蟲死後約

十二小時，內臟不是萎縮就是腐爛。但是杜夫爾醫生發現狩獵蜂的獵物，過了一兩個星期都不會腐爛。他研判狩獵蜂可以在剎那間將獵物殺死，並注射防腐劑。」

然而法布爾觀察和實驗方法嚴謹，不會輕易接受書上所說的。

「我懷疑獵物不是被注射防腐劑，而是根本沒死！」法布爾說出了讓魯格羅驚訝的推論。

法布爾滔滔不絕的說:「我終於找到我要研究的方向。以前我只關心抓昆蟲來做標本,研究牠們細小的身體裡藏了什麼祕密。現在我才明白昆蟲學裡還有一種生態研究,了解牠們是如何在大自然中生存,這才是和生命有關,活的學問啊。」

「我找了狩獵蜂的獵物象鼻蟲來做研究。你看！」

法布爾通上電，電擊象鼻蟲。象鼻蟲的腳末端竟然微微震動，而萎縮的六隻腳好像往內緊縮了一下。將電源切掉，牠又虛脫鬆弛。

魯格羅瞪大眼睛，法布爾笑道：「牠就像是活的一樣吧。從狩獵蜂手中搶下的象鼻蟲『屍體』對通電有反應，但是我自己抓

到的象鼻蟲通電之後則是一動也不動。所以我懷疑象鼻蟲只是被狩獵蜂麻痺，不是被殺死。因為這樣就有最新鮮的象鼻蟲可以給幼蟲當食物了。」

「這太不可思議了！」魯格羅驚呼。

在法布爾耐心的研究下，終於發現狩獵蜂的祕密。原來狩獵蜂是用螫針刺進獵物的神經中樞。牠們的獵物，像是吉丁蟲或象鼻蟲，胸口的三個神經球都很靠近，只要刺中其中一個，毒液

就可以擴散到另外兩個神經球。這就是為什麼牠們會成為獵物的原因。

法布爾將研究論文發表，他的才能和努力獲得學術界的肯定。杜夫爾更寄來一封讚賞、鼓勵的信：「你真是發現了一項大祕密，希望你能繼續朝這方面做研究。」

往後法布爾以田野觀察的創新方法，記錄下昆蟲奇妙的行為。又以感性的文學筆法，將艱澀的研究，化為一篇篇的生命樂章。

 ## 被威脅的博物學者

　　1868 年法布爾受邀去見教育部長。法布爾猜想部長可能要引薦他到其他學校，擔心會因為這樣離開生態豐富的亞威農鎮，所以寫信婉拒。

　　不久，部長回信:「立刻啟程前來！否則我會派警察逮捕你。」

　　嚇了一大跳的法布爾，連忙趕到巴黎。部長滿臉笑容的接見他：「恭喜你獲得法國榮譽軍團勳章。」這是對傑出研究者的最高肯定。

「我……」法布爾激動得說不出話來。

「你對西班牙蒼蠅的研究實在太精彩，獲得勳章是實至名歸。」

部長拍拍法布爾的肩膀，親切的與他交談：「我還以為你的專長是研究蜂類呢。」

一說到昆蟲，法布爾的眼睛亮了，也不再結結巴巴。「西班牙蒼蠅的研究也要從蜂類

說起呢。我曾觀察到有一種蜂類會在岩壁上挖出隧道，隧道盡頭有好幾個小房間，用來儲藏花蜜和花粉，並且產卵。產卵後，牠們會用厚厚的土緊緊蓋住房門口。但我在密不透風的小房間裡，卻發現了一個不像卵又不像繭的小殼。」

一般來說，昆蟲分成兩種。一種是幼蟲從卵孵化長大的過程

中，樣貌和成蟲並無差異，這叫「不完全變態」。另一種則會經歷四個階段的樣貌變化：卵、幼蟲、繭和成蟲，這就是「完全變態」。

但是不像卵又不像繭的情況實在是太罕見了。

部長完全被吸引住，猜測道：「小殼裡面藏的就是西班牙蒼蠅嗎？」

「是的。西班牙蒼蠅在孵化成成蟲後會破殼而出。」法布爾點頭，部長皺起眉頭。「可是你不是說小房間是密不透風嗎？那西班牙蒼蠅是怎麼進去的？」

「是的！」法布爾語氣變得更興奮，當初他就是充滿了這些疑

惑。「我試著在研究室裡觀察。我把交配後的雌西班牙蒼蠅和挖下來的蜂巢都放到大玻璃瓶裡。奇怪的事情發生了。雌西班牙蒼蠅一口氣產超過兩千個卵，但牠竟然不是在小房間產卵，而是在玻璃瓶口的軟木塞上的洞產卵。」

部長詫異的說：「怎麼會這樣？」

「我到野外求證，在岩壁上，我發現西班牙蒼蠅所產下的卵，也都堆在蜂穴入口處。」法布爾說出讓部長意外的話。

「這樣卵不是很容易被其他昆蟲吃掉嗎？」部長越來越困惑了。

「我想這就是為什麼要產下

這麼多卵的原因。我在實驗室裡
等了好幾個月，卵才在那年 9

月、10月的時候孵化。但孵化後的幼蟲並沒有鑽進小房間，牠們只是緊緊摟住自己的卵殼，根本不動。」研究這群小蟲讓法布爾吃足苦頭。

法布爾又說道：「牠們的構造很奇特。有尖銳的大下巴，強壯的腳，腳前面有三根尖銳的爪子，可以幫助牠們緊緊抓住東西。此外牠們還會從屁股分泌出黏黏的透明液體。」

「這就更奇怪了！」部長皺緊眉頭。

「我一直等到隔年4月才看到牠們移動。餓了七個月的牠們，雖然打破蜂兒小房間的土蓋子，卻沒有吃蜂兒的幼蟲和繭。」

「難道牠們想吃的是蜂蜜？」部長跟著想破了頭。

「我原本也是這麼想。所以我費盡心力找到裝滿蜂蜜的小房間，迫不及待把西班牙蒼蠅的幼蟲放進去，但牠們什麼也不吃，

最後還被蜂蜜淹死了！」法布爾的實驗徹底失敗。「一切只能等下個春天重新開始。」

「我真是太佩服你的耐心了。」

「我太想知道為什麼了！幸

好杜夫爾給我一個提示，我才解開這一切謎團。他說西班牙蒼蠅的幼蟲會黏在蜂兒身上。」

部長恍然大悟：「所以爪子和黏膠，都是為了讓牠們能緊附在蜂兒身上！」

「是的！我透過實驗和野外觀察證實了此事。原來西班牙蒼蠅的幼蟲是趁著雌蜂產卵的那一刻，跳上蜂卵，把蜂卵當成蜂蜜上的救生艇。幼蟲會先吸食卵汁，不久牠的身形變大，不再像

之前一樣會慘遭滅頂，就可以好好享用蜂蜜。」

法布爾說出結論：「西班牙蒼蠅和其他昆蟲不同的地方，在於牠需要脫四次皮才會變成蛹。而且每一次都會配合環境改變外型。我稱這為『過變態』。」就是這個研究，讓法布爾在昆蟲史留名。

「太精彩了！」部長鼓掌。

「明天你去見陛下的時候，務必和陛下清楚說明你的研究成果！」

「什麼？」法布爾大驚，他不知道他還得去見拿破崙三世。

部長笑道：「如果你想溜走的話，我可是會叫警察逮捕你喔！」

荒地上的昆蟲詩人

在教學上受到歡迎的法布爾，因為常在課堂上灌輸新的科學思想給學生，遭受保守人士的攻擊，灰心辭去教職，此後他轉以從事寫作維生。

法布爾在九年內，寫了六十一本自然科學的著作。由於他的作品淺顯有趣，銷路很好，有些甚至被指定為教科書。

五十歲時，法布爾才動手寫《昆蟲記》：以優美詩意的文字，生動記錄了對昆蟲的熱愛與觀察。

五十三歲那年，和他同樣熱

愛自然的十六歲兒子朱爾因病過世，法布爾深受打擊，大病一場。病癒後，他完成《昆蟲記》第一冊，並在書中以朱爾的拉丁語「尤利烏斯」為三種蜂類命名。

五十五歲時，他買下薩里尼村的一塊荒地，此後花了三十年的時間在荒地裡研究昆蟲，寫下十冊《昆蟲記》。

法布爾六十一歲時，妻子過世。兩年後再娶了二十三歲的約瑟芬。後來法布爾為了研究蠍子，把家中

改造成蠍子村，這件事情約瑟芬也支持。

因此，他們一家有著特別的樂趣：每天晚餐後，提著燈，透過研究室的玻璃屋觀察蠍子的活動。一天夜裡，他們看到蠍子倒立，以輕快的腳步跳著求偶舞。一家人陶醉在燈光下的舞姿，忘記了夜幕低垂。

不過法布爾的研究，偶爾也會超過約瑟芬的容忍極限。

這次，為了進行蒼蠅實驗，研究室擺滿

了發出惡臭的腐肉與動物屍體。

「吃飯了！」約瑟芬忍著噁心的臭味到院子叫他。

法布爾專注的看著八隻蒼蠅，排隊在老鼠的屍體下產卵。他的神情十分興奮，因為他正在實現他的夢想。

他常思考當生命結束的時候，肉體如何被分解，

再孕育出新生命呢？

　　法布爾在當時因為醉心於研究昆蟲的生態與本能，不追隨主流只解剖生物屍體研究構造，而受到許多攻擊。

　　旁人探究的是「死」，而他探究的是「生」。

　　法布爾採集著卵塊說:「約瑟芬，妳覺得蒼蠅的幼蟲孵化

之後，要怎麼吃東西？而牠們又要花多少時間吃完屍體呢？」

　　約瑟芬無奈的說：「這是好問題。我想你一定能有特別的發現。」

　　法布爾抬頭笑著，雖然是個老人，但他炯炯有神的目光和孩子一樣，充滿對世界的好奇心。

在法布爾的研究下，他發現蒼蠅的幼蟲可以釋放出酵素，將屍體分解成液體。所以牠並不是用牙咬食物，而是將食物融化成湯汁再吸乾。

屍體只要幾天就能分解，肉汁滲進土裡，又孕育了植物。

一個生命的完結，卻是另一

個新生命的開始，這就是宇宙的生生不息。

　　法布爾以一生的心血，書寫了十本《昆蟲記》。書中記錄的不只是對昆蟲的研究，更是對生命的探索。

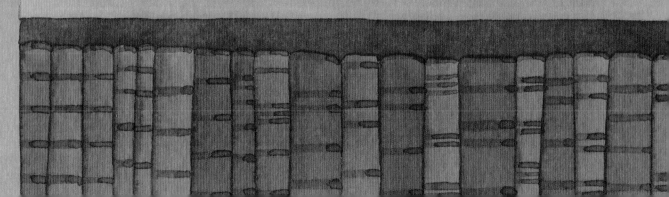

　　法布爾喜愛閱讀獲得知識。但他知道，只有無止盡的好奇心，與嚴謹的推論觀察，才能挖掘生命的奧祕。

　　法布爾巨大的熱情，是不會受到身體的局限。幾年後，他雖然臥病在床，仍然心心念念著要完成第十一本《昆蟲記》。

　　相信小昆蟲們不只在夢中陪伴著年邁的法布爾，也將繼續開啟未來孩子們對世界的好奇心。

法布爾 小檔案
JEAN-HENRI FABRE

1823
出生於法國南部

1839 — 1842
就讀亞威農師範學校

1847 — 1848
自學取得數學及物理學的
學士學位

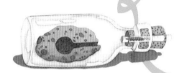

1851
在博物學教授蒙肯 · 坦頓的鼓
勵下，專心攻讀「博物學」

1853
成為亞威農師範
學校物理助教

1868
- 由教育部長推薦，獲得法國榮譽軍
  團勳章，並拜見拿破崙三世，報告
  西班牙蒼蠅的研究
- 德國完成化學合成染料，法布爾的
  茜草染料工業化夢想破滅
- 授課方式受到保守人士的反對，遂
  辭退教職

1854
- 取得托爾斯大學博物學學士學位
- 閱讀雷恩 · 杜夫爾的狩獵蜂論文
  後，決心研究昆蟲生態。更正杜夫
  爾的錯誤，發表更深入的論文

1879
- 在薩里尼村找到理想家園，
  取名為「阿爾瑪斯」
- 《昆蟲記》第一冊出版，往
  後平均三年出版一冊

1907
- 《昆蟲記》第十冊出版
- 學生魯格羅提出舉辦《昆蟲
  記》出版三十週年慶祝儀式
  計畫

1870
開始出版通俗易
懂的科學讀物

寫書的人

詹文維

　　名字很像男生，常被看成詹文雄。由於個性有些像男孩子，所以也被學生暱稱為「雄哥」。以前穿裙子會被學生說幹嘛男扮女裝，自從生了孩子之後，殺氣大減，以「小維妹妹」或「小維媽媽」自居。現在是個快樂的媽媽，雖然日子很辛苦，但是有個很可愛的寶貝就心滿意足。最大的心願是，希望寶貝長大後跟她一樣愛運動、愛看書，而且愛看媽媽寫的書。

畫畫的人

吳楚璿

　　1967 年生於臺灣桃園，自小酷愛繪畫；1985 年畢業於復興商工設計組；1993 年修業於實踐大學應用美術系；1997 年獲選國立編譯館優良漫畫第二名。

　　從小就喜歡塗鴉，沉溺於色彩中，在色彩堆砌的遊戲中，滿足了無限的創作欲望。畫紙上瑰麗的色彩，承載的是童年所有的理想與夢。

1910

在詩人米斯托拉的呼籲下，召集學生、友人、讀者，舉辦慶祝儀式，將 4 月 3 日訂為「法布爾日」，《昆蟲記》由此揚名於世

1915

5 月在家人的扶持下，坐在椅子上繞庭園一周，最後一次巡視阿爾瑪斯。10 月辭世

1913

波安卡雷總統來訪，代表法國國民向法布爾致意

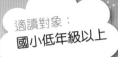

創意 MAKER 創意驚奇雲

飛越地平線，
在雲的另一端，

創意 x 無限

撥開朵朵白雲，你會看見一道亮光……

 是 **創意 MAKER** 的燈泡亮了！

跟著它們一起，向著光飛翔，由它們指引你未來的方向：

（請依直覺選擇最具創意的顏色）

選 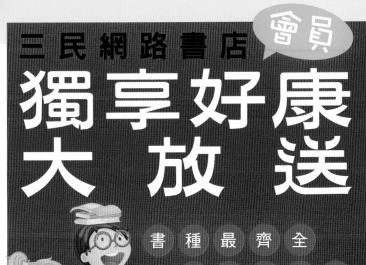 的你

請跟著畢卡索、艾雪、安迪‧沃荷、手塚治虫、鄧肯、凱迪克、布列松、達利，在各種藝術領域上大展創意。

選 的你

請跟著盛田昭夫、7-Eleven創辦家族、大衛‧奧格威、密爾頓‧赫爾希，想像引領創新企業的挑戰。

選 的你

請跟著高第、樂高父子、喬治‧伊士曼、史蒂文生、李維‧史特勞斯，體驗創意新設計的樂趣。

選 的你

請跟著麥克沃特兄弟、格林兄弟、法布爾，將創思奇想記錄下來，寫出你創意滿滿的故事。

本系列特色：
1. 精選東西方人物，一網打盡全球創意 MAKER。
2. 國內外得獎作者、繪者大集合，聯手打造創意故事。
3. 驚奇的情節，精美的插圖，加上高質感印刷，保證物超所值！

還有！還有！

內附注音，小朋友也能「自‧己‧讀」！
創意 MAKER 是小朋友的必備創意讀物，
培養孩子創意的最佳選擇！

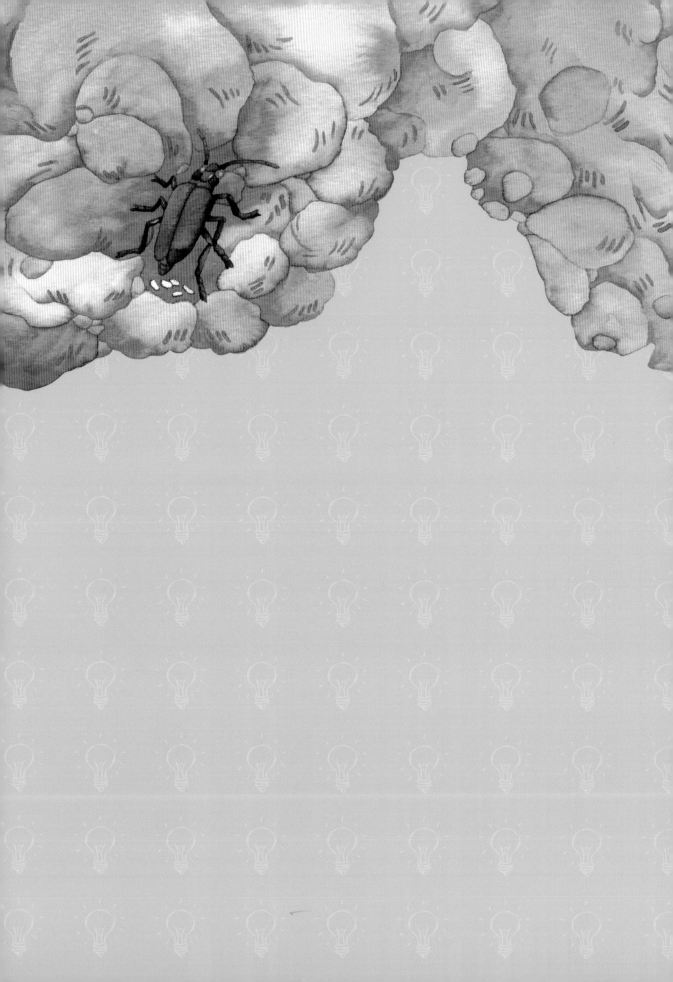